Seelenblumen

Gedichte und Geschichten einer kleinen Seele

Laura C. Müller

Seelenblumen

Gedichte und Geschichten einer kleinen Seele

Laura C. Müller

Impressum

Deutsche Ausgabe, 1. Auflage 2024

© Laura C. Müller

Hauptstraße 64

63791 Karlstein am Main

https://www.autorin-laura-c-müller.de/

Lektorat: Andreas Jahreis

Covervorlage: www.Canva.com

Buchsatz: Kerstin G. Rush

Herstellung und Verlag: BoD – Books on Demand, Norderstedt

ISBN: 978-3-75-831182-6

Dieses Buch ist für
das kleine innere Kind in mir,
das schon sehr sehr lange mal wieder
Gedichte schreiben wollte.

Inhaltsverzeichnis

Vorwort

Liebe Leserinnen und Leser,

eine lange Durststrecke der Kreativität liegt hinter mir.

Deshalb freut es mich sehr, dass du dich dazu entschieden hast, dieses Buch in den Händen zu halten. Es ist zwar klein, aber für mich etwas ganz Besonderes.

Nicht nur ist es mein erstes Buch, das ich als Selfpublisher herausbringe, Nein!

Es ist eine Sammlung von Texten, die es bisher nie in meine Bücher geschafft haben. Entweder, weil sie nicht zum Thema gepasst haben, oder aber, weil ich mich nie getraut habe sie öffentlich zu präsentieren.

Texte, in denen es um Verletzlichkeit, Trauer und Selbstzweifel geht.

Texte, die viel zu oft überlesen wurden, weil sie nicht lustig sind.

In diesem kleinen Sammelband der Gedanken, möchte ich eben diesen Texten nun ihren Raum bieten.

Ich hoffe das Buch bereitet dir beim Lesen ebenso viel Freude wie mir beim Schreiben.

Der Barde

Fröhlich pfeifend tänzelt der Junge die Straße
entlang.
Nichts bei sich, nur ein zerfetztes Lumpenhemd
und ein trockenes Stück Brot.
Aus dem Pfeifen wird ein fröhlicher Gesang,
leise trällert er sein Lied.
Ein Lied, über fremde Länder, vergangene Tage
und lustige Nächte.
Verwirrt sehen die Menschen ihm nach.
Unsicher tuscheln Eltern miteinander, Kinder
verstecken sich hinter ihnen.
Nicht wissend, was sie von dem Fremden halten
sollen.
Ein Junge tritt vorsichtig heran.
„Sag Wanderer, warum bist du so fröhlich?"
Das Lied des Wanderers verstummt.
„Warum sollte ich Trübsal blasen bei solch
einem schönen Wetter?"
Der Junge sah am Wanderer herab.
„Du hast nichts. Nichts, außer das was du am
Körper trägst" antwortet der Junge.
Der Wanderer lacht laut auf.
„Ein gutes Auge hast du junger Freund, doch
bist auch du geblendet. Ich habe alles was ich
brauche um glücklich zu sein."

Verwirrung machte sich auf dem Gesicht des
Jungen breit.
„Erkläre es mir!" verlangte der Junge.
„Ich habe zwei Beine, die mich tragen. Zwei
Ohren, die alle Töne hören.
Augen um die Welt zu sehen und stets ein
lustiges Lied im Sinn und auf den Lippen.
Was also braucht ein Barde mehr?"
Mit diesen Worten ließ der Wanderer den
Jungen stehen und tänzelte fröhlich pfeifend
von dannen.

Träume

Der Lärm der Bahn lässt meinen Kopf
zerschellen.
Hilfesuchend schließe ich die Augen
und gehe meinen Tag in Gedanken durch.
Morgens nach Afrika,
wo ein Sonnenaufgang den Geist aus der
Dunkelheit befreit.
Weiter nach Japan,
wo die Kirschblütenblätter im Winde tanzen.
Dann in die Steppe von Amerika,
wo donnernde Hufe die Bisons Richtung
Freiheit tragen.
Mittags nach Wunderland,
wo weiße Kaninchen als Reiseführer dienen.
Um 4 Uhr einen Tee mit dem Hutmacher und
der Maus.
Anschließend einen Spaziergang durch den
Garten der roten Königin.
Abends nach Mittelerde,
um die weiten Graslandschaften Rohans zu
bewundern.
Ins Auenland,
für Tee, Gebäck und gute Geschichten.
Nach Bruchtal,
um kurz zu Ruhen zu kommen und um Energie
aufzutanken.

Abgeholt von Eragon,
um den Caradhras unter Saphiras mächtigen
Schwingen zu sehen.
Gerade als ich Minas Tiriths Schönheit erblicke,
werden meine Augen von einem Schrei geweckt.
Zurück in die Bahn wurde mein Geist geholt.
Mit einem Lächeln realisiere Ich
wie unrealistisch mein Vorhaben ist.
Immerhin ist eine Reise nach Japan ganz schön
teuer.

Herbstball

Leise stimmt der Wind sein Lied an,
trägt es sanft über die Felder.
Im Takt erheben sich die bunten Tänzer.
Immer zu zweit tänzeln sie zärtlich umeinander
herum.
Das Lied des Windes wird immer lauter.
Schneller und wilder tanzen die Tänzer
miteinander,
größer werden ihre Kreise.
Auf dem Höhepunkt des Liedes, sind aus den
Paaren große Gruppen geworden,
wild und frei tanzen sie miteinander.
Dann verstummt das Lied des Windes.
Erschöpft legen sich die Tänzer in ihr weiches
Bett und warten auf den nächsten Auftritt.

Wanderskind

Schwer knallen meine Füße auf den weichen
Waldboden,
das donnernde Geräusch verscheucht die
Stille.
Blätter schrecken hoch.
Über dem Wald fliegen die Raben,
lachen frech zu mir herab.
„Dummer Wanderer",sagt ein Blick, während
der Rabe über mir hinweg zieht.
Stile legt sich wieder über den Wald,
nur das Donnern meiner Schritte ist zu hören.
Flink tänzelt der Wind um mich herum.
Blind folge ich ihm.
Er führt mich.
Hinaus aus der Stille des Waldes.
Hinein in die Schreie der Welt.

Drachenreiter

Seit Jahren vereint,
Gefährten im Kampf,
Brüder im Herzen.
Zwei Wesen,
die unterschiedlicher nicht sein könnten.
Eine Welt,
durch die gleichen Augen gesehen.
Winziger Mensch,
nur einer von vielen.
Mächtiger Drache,
Herrscher des Feuers.
Fliegen gemeinsam gen Himmel empor.
In schrecklichen Schlachten,
in himmlischen Nächten.
Für immer du,
für immer ich,
für immer wir!

Großstadtkinder

Heimatsuchend huscht es aus dem Mondlicht
hinein in den Schatten eines Hochhauses.
Zärtlich umschließt die Kälte den kleinen
Körper.
Die kalte Straße verschluckt stumm die Tränen.
Verdammt dazu, niemals das Sonnenlicht zu
sehen.
Angetrieben von Hoffnung
setzt der kleine Körper seine einsame Reise fort.
Die von Laternen erhellte Straße weist ihm den
Weg in der Dunkelheit.
Plötzlich wird die Ruhe der Nacht von Schreien
zerrissen
und vom Gebrüll der Motoren vertrieben.
Ein lauter Knall ist zu hören.
Dann übernimmt wieder Stille die Oberhand.
Ein kleiner Körper sinkt lautlos zu Boden.
Besorgt hält der Wind wache bei ihm.
Vergebens.
Wie die Geier umkreisen die Menschen bei Tage
den kleinen Körper.
Neugier treibt sie zu ihm.
Ist das Interesse gestillt,
verlassen sie den Körper und gehen wieder ihres
Weges.
Nur der Wind hält treu wache bei dem Körper.

Heimweg

Wie gebannt stehe ich auf der Straße,
kann mich nicht bewegen.
Meine Pfoten,
an Schuhe gebunden,
finden keine Kraft um weiter zu gehen.
Meine Ohren,
taub vom Lärm der Stadt,
hören den Wind nicht mehr, der mich eins
führte.
Das Fell,
in menschlicher Haut gefangen,
sehnt sich nach BerührenGleicher.
Die Schatten an Menschen drängen sich an mir
vorbei,
quetschen mich in ihre Mitte und schubsen mich
vorwärts.
Ich will nicht laufen, will nicht gehen.
Ich will nur sein.
Sein wie ich gern wäre,
wie ich einst war.
Gern würde ich aufheulen,
schreien um meiner Seele platz zu machen,
doch meine Kehle ist trocken.
Keine Kraft mehr in der Lunge.

Verzweifelt falle ich auf die Erde,
fühle nur kalten Stein unter mir.
Kein bekanntes Gras unter den Pfoten,
kein vertrauter Geruch.
Nur das Schreien der Motoren und das Winseln
von Menschenseelen,
die nicht wissen was Ruhe ist.
So liege ich hier,
hilflos und kalt.
Ohne Hoffnung und Glaube.
Und doch erscheint ein Hoffnungsschimmer in
der Ferne.
Nur ein leises Geräusch,
ein kurzer Moment.
Und so rappelt der Wolf sich auf,
schüttelt den Menschen ab.
Läuft durch die Menge ohne wirklich dort zu
sein.
Immer der Hoffnung entgegen.
Und so ist es schließlich der Flügelschlag eines
Raben
der mich ins sichere Heim führt.

Gefährte für eine Nacht

Mit starken Armen hieltst du mich fest.
Warm war deine nackte Haut.
Kühl dein vor Erregung bebender Atem,
welcher sich über meine Haut schlich.
Die Dunkelheit der Nacht war unsere Decke.
Versteckt im Dunkeln,
wo niemand uns finden sollte.
Die Luft roch nach Lust, Schweiß und nach dir.
Ein tiefer Atemzug raubt mir fast den Verstand.
Du riechst so gut,
So verlockend.
Deine rauen großen Hände,
so sanft auf meiner nackten Haut.
Augen,
welche man in der Dunkelheit kaum sieht,
dringen tief in mein Inneres.
Lust erfüllt den Raum.
Nur ein Gedanke stört.
Du bemerkst ihn nicht.
Weder bist du mein Gefährte, noch mein
Gemahl.
Nur ein Begleiter für eine Nacht, nur ein kurzes
Stück.

Doch wer weiß,
wie lange eine Nacht ist?
Wer kann sagen wie weit ein kurzes Stück ist?
Wirst du mich ein weiteres Stück begleiten,
wenn ich dich bitte?
Du küsst meine Gedanken weg.
All meine Sorgen und Probleme.
Doch ein Gedanke bleibt.
Wie weit würdest du gehen, wenn ich dich
bitten würde?

Standhaft

Dunkel die Wälder durch die ich wandle.
Zerbrochen der Pfad der Heimwärts führt.
Zerschmettert die Seele am Felsen der Angst.
Durchbohrt der Körper von Scherben des
Verstands.
Doch können blinde Augen das Licht noch
spüren.
Blutende Füße können die Hoffnung noch
tragen.
Gib mich nicht auf!
Noch atme ich.
Vergiss mich nicht!
Noch kämpfe ich.
Bleib bei mir!
Noch bin ich nicht gefallen.

Nachtgebet

Zu wem soll man beten,
wenn alle Götter gestorben sind
und die Welt in Flammen aufgegangen ist?
An wen soll man glauben,
wenn alle Engel gefallen
und alle Flügel gebrochen sind?
Zu wem soll man aufsehen,
wenn alle Sterne erloschen
und alle Menschen verdorben sind?
Auf was soll man vertrauen,
wenn man sich selbst nicht mehr kennt?

Herbstkind

Als Geschöpf der Dunkelheit liebt man die
Schwärze,
so sagt man.
Doch was,
wenn ich die Dunkelheit fürchte?
Was wenn die Stille mir Angst macht und ich
das Licht suche?
Ich sehne mich nach Sonne,
den Farben des Herbstes,
nicht nach Dunkelheit.
Denn sie ist es,
was ich fürchte.
Ihre Stille treibt mich in mein Inneres.
Ich suche Fragen,
finde Antworten.
Doch jede Antwort wirft neue Fragen auf.
Was ist Wahrheit?
Was ist Lüge?
Was ist Wunsch und was ist Wirklichkeit?
Was ist Dunkelheit,
Was ist Schatten?
Nur die Sonne kennt die Antworten
und so schiebe ich die Wolken weg.
Ich trete aus dem Schatten.

Bin kein Wesen der Dunkelheit,
sondern ein Herbstkind.
Ich trage Wärme in mir,
bin gezeichnet mit dunklem Rot.
Bin fröhlich und kindisch
Und stark genug um den Winter zu überstehen!

Weisheit der Krähe

Eine alte Krähe sagte mir einst,
ein Wolf könne seine wahre Stärke nur im Rudel
entfalten.
Wenn er andere beschützen will,
nur dann sei er wirklich stark.
Also ging ich meinen Weg,
beschützte die, die mir nahe waren.
Beschützte die Alten und die Kleinen.
Ich beschütze meine Freunde,
all die , dich ich auf meinem Weg traf.
Und nun, kehre ich zurück zu der Krähe und
sage ihr:
"Sieh her alte Krähe.
Weit bin ich gegangen
und viele habe ich beschützt!
Und doch wurde ich nicht stärker nur trauriger.
Erst jetzt, wo ich allein bin und vor den Ruinen
stehe, bin ich stärker als je zuvor!"
Der alte Vogel sah mich mitleidig an und
schüttete den Kopf.
„Wenn du das so siehst, kleiner Wolf, hast du
die Lektion nicht verstanden.“
Mit traurigem Blick flog die Krähe davon.

Wolfswege

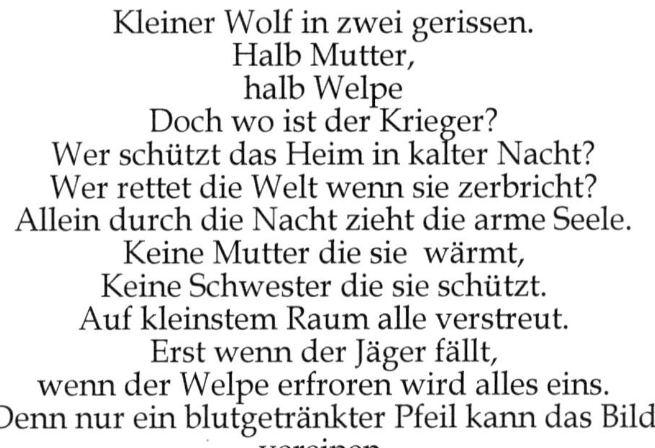

Kleiner Wolf in zwei gerissen.
Halb Mutter,
halb Welpe
Doch wo ist der Krieger?
Wer schützt das Heim in kalter Nacht?
Wer rettet die Welt wenn sie zerbricht?
Allein durch die Nacht zieht die arme Seele.
Keine Mutter die sie wärmt,
Keine Schwester die sie schützt.
Auf kleinstem Raum alle verstreut.
Erst wenn der Jäger fällt,
wenn der Welpe erfroren wird alles eins.
Denn nur ein blutgetränkter Pfeil kann das Bild
vereinen.

Tränenweg

Kleine Träne, jede Nacht,
kullert einsam auf dem Weg.
Wird von Kälte in mir drin
zu Eis und zerbricht.
Jede Nacht das selbe Leid,
findet keinen Weg hinaus.
Kleine Träne, jede Nacht,
was soll ich tun um dich zu schützen?
Würde gern ersparen dir dein Leid,
doch weiß nicht, wie ich dies machen soll.
Selbst zu zerrissen und zu kalt,
kann weder halten dich zurück
noch zeigen dich der Menge.
Denn wenn ein Wesen dich erblickt
zerbricht unser beider Welt.
So muss es ewig weiter gehen.
kleine Träne,
gebunden an mein Leid.

Wolfsherz

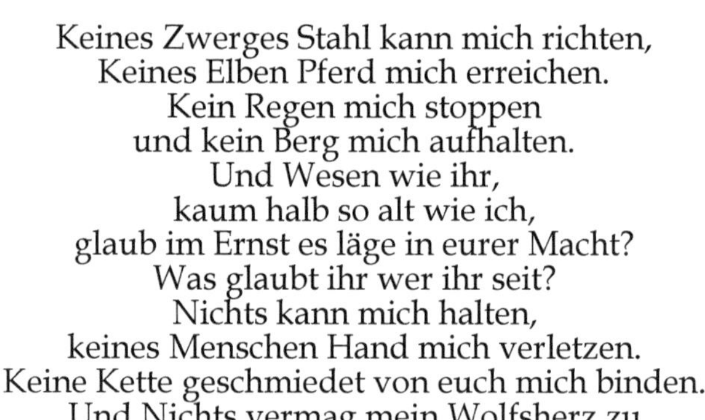

Keines Zwerges Stahl kann mich richten,
Keines Elben Pferd mich erreichen.
Kein Regen mich stoppen
und kein Berg mich aufhalten.
Und Wesen wie ihr,
kaum halb so alt wie ich,
glaub im Ernst es läge in eurer Macht?
Was glaubt ihr wer ihr seit?
Nichts kann mich halten,
keines Menschen Hand mich verletzen.
Keine Kette geschmiedet von euch mich binden.
Und Nichts vermag mein Wolfsherz zu
zerbrechen.

Frühling

Die warme Sonne weckt das Leben.
Blätter werden geboren,
Blumen wachsen empor.
Rehe springen freudig über frisch gewachsene
Wiesen.
Pollen tanzen zum Lied des Windes.
Und ich?
Ich stehe zwischen dieser Schönheit des Lebens.
Der Schönheit des Frühlings,
mit Tränen in den Augen.
hatschi
Scheiß Heuschnupfen...

Denn du bist der Meister

Herr und Meister,
stark und weise,
führst uns an, seit alter Zeit.
Ewige Treue haben wir dir geschworen,
doch bröckelt nun der Schwur.
Unterwürfig bleib ich liegen,
doch stellt das Nackenfell frech sich auf.
Die Kehle lässt ein Knurren hören.
Nie würde ich den Aufstand wagen.
Doch zum ewigen Knien wurde ich nicht geboren.
Noch bleib ich liegen,
still und brav.
Unterwürfig.
Jedoch bedenke stets,
keine Macht herrscht ewig...

Die Kreuzung

Es regnet.
Allein wandelt sie durch die Nacht.
Sie musste raus.
Raus aus den Pflichten,
Raus aus dem Zwang.
Sie haben sie vor die Wahl gestellt.
Sie kann entweder ein schönes Leben führen,
mit einem Mann der sie liebt, der Geld hat und
angesehen ist,
den sie aber nicht liebt.
Oder sie geht ihren eigenen Weg.
Ein Weg voller Hindernisse und Gefahren.
Dafür erhält sie ihre Freiheit zurück.
Sie bleibt stehen,
der Weg vor ihr teilt sich.
Sie hat die Wahl.
Der eine Weg ist einfach und Hell.
Keine Gefahren und kein Risiko.
Der andere Weg ist voller Steine und Löchern.
Allerdings führt dieser Weg raus aus der Stadt,
hinaus in die Freiheit.
Sie schaut in den dunklen Nachthimmel.

Sie schließt die Augen.
Der Wind weht durch ihr Haar.
Seine sanfte Berührung beruhigt sie.
Sie öffnet die Augen,
Ihr Blick ist entschlossen.
Sie hat ihre Wahl getroffen!

Finde mich

Vorbei an unbekannten Gräbern,
deren Schreie verheilte Narben wieder bluten
lassen.
Zittert durch den kalten Schnee,
zurück nach Hause.
Verfolgt von durchbohrten Flügeln.
Getrieben von stummen Stimmen.
Weißt du wer ich bin?
Hast du mich auf deinem Weg gefunden?
Liege ich in deinem Arm,
oder hast auch du mich verloren?
Verliebte Blicke verlieren sich im Nebel.
Nur taube Ohren können sie erkennen.
Vertrauter Wald zum schwarzen Loch
verbrannt.
Finde mich!
Hilf mir leben!
Lass mich hier nicht allein!
Finde mich ...

Seelenfenster

Dunkel ist meine Welt.

Laut hallen die Schreie der Gepeinigten durch
die Räume.
Schimmlig riecht die Luft.
Durch ein kleines Fenster quetscht sich ein
Hauch von Mondlicht.
Ein Lichtblick.
Leise schleicht der Wind durch das Fenster.
Sanft umschließt er meinen geschundenen
Körper.
Leise flüstert er mir Geschichten von draußen
ins Ohr.
Meine Nase beschenkt er mit vertrauten Düften.
Bilder von Wiesen und Wäldern entstehen in
meinem Kopf.
Lächelnd schließe ich die Augen und gebe mich
ganz der Erinnerung hin.
Dort verliert sich dann mein Geist.
Nie wieder sollten meine Augen die Dunkelheit
sehen.
Nie wieder sollten meine Ohren das Knallen der
Peitschen hören.
Versunken bin ich in der Welt des Windes,
voll Sonne und Wärme.

Spiegelseele

Zitternd stehe ich im schwarzem Raum.
Nackt.
Schutzlos.
In einem Raum ohne Boden,
ohne Decke oder Wände.
Nur ein paar Spiegel sehen mich an.
Eine schwarze Bestie bleckt wild die Zähne.
Gekränkter Kriegerstolz schreit nach
Vergeltung.
Weise Frau sehnt sich nach Ruhe und Einheit.
Alle rufen sie nach mir.
Überall will mein Körper hin.
Doch nirgendwo passt er hinein.
Gezwungen ewig allein im Dunkeln zu bleiben.
Verdammt
langsam von Schreien zerrissen zu werden.
Hilflos.
Einsam.
Ängstlich.
So ängstlich,
dass ich nicht in der Lage bin
das Licht zu sehen, welches sich vor mir
auftürmt.

Winterblume

Schneestürme peitschen den gekrümmten
Rücken.
Schreiend schwingst du die Peitsche.
Schlag für Schlag.
Peitschst du noch meinen Körper
oder bereits meine Seele?
Redest du noch mit mir
oder bereits an mir vorbei?
Standhaft bleiben!
Das letzte Blatt nicht verlieren.
Hoffnung am Leben lassen.
Bis der nächste Frühling kommt
oder dieser Winter mein Ende sein wird.

Sackgasse

Erbarmungslos peitsch der Regen den Dreck
von der Haut.
Zitternd versuchen geschlagene Beine, den
Körper zu tragen.
Blinde Augen geben den Weg vor.
Schreie ertönen im Kopf
und werden von tauben Ohren überhört.
Unbemerkt schleicht sich der kleine Körper
durch die Nacht.
Brennende Dunkelheit verfolgt ihn,
versperrt den Weg zurück.
Schwarze Leere macht sich vor ihm breit,
beendet die Reise.
Wohin sollen Körper gehen,
wenn Seelen längst gestorben sind?
Warum soll der Geist noch strahlen,
wenn die Welt jedes Licht sofort erstickt?
Was treiben müde Beine noch an,
wenn jeder Weg ins Dunkel führt?
Tapfer läuft der kleine Körper weiter.
getragen von einer Stimme,
nur einem Flüstern.
„Fürchte dich nicht kleines Mondenkind"
Hoffnung erscheint.

Mondlicht erhellt die schwarze Straße.
Lächelnd läuft der Körper weiter,
streckt die Hand gen Hoffnung.
Spürt den Schmerz nun in der Hand.
Das Lächeln stirbt.
Hoffnung ertrinkt in Angst.

Bloody Dömchen

Mit wachsamen Augen beobachte ich den
Morgen.
Mein Atem streift als Brise durch die Gassen.
Als der erste Mensch erscheint,
stellen sich meine Türme wie wachsame Ohren
auf.
Mit großen Augen starren die Menschen mich
an.
Staunend, über die gewaltigen Mauern.
Unwissend, welche dunkle Seele sich in meinem
Innern verbirgt.
Als die ersten Menschen meine Mauer berühren,
entflieht ein Knurren meiner steinernen Kehle.
Verwundert sehen sich die Menschen um.
Unwissend, was auf sie wartet.
Ich übe mich in Geduld.
Am Mittag ist der Platz voll Menschen.
Hunger plagt mich, doch ich muss auf den
Abend warten.
Als der Platz sich leert weht ein starker Wind.
Ich atme erleichtert aus.
Nur wenige Menschen streifen umher.
Sie alle kommen mir immer näher,
werden von meiner Ausstrahlungen angezogen.

Als sie meine kalten Wände berühren,
erwacht mein steinernes Herz zum Leben.
Ich ziehen sie an mich und sauge sie genüsslich
aus.
Ihr Blut fließt meine Mauern entlang.
Wie gut mir dies tut.
Als die Sonne aufgeht,
verschlinge ich ihre leblosen Körper.
Jetzt heißt es wieder auf den Abend warten.

Einsamkeit

Als Kind hatte ich Angst vor der Dunkelheit.
Sie war für mich voller Gefahr.
Ich befürchtete hinter jeder Ecke eine
Bedrohung,
wollte nur bei meiner Familie sein.
Ich hatte Angst vor der Einsamkeit.
Allein zu sein,
schwach und ohne Rat von Freunden.
Damals,
als ich noch Kind war.
Im Laufe der Jahre habe ich viele Nächte allein
verbracht,
habe mich an die Dunkelheit gewöhnt und von
ihr gelernt.
Heute weiß ich,
die Dunkelheit ist es nicht, was man fürchten
muss.
Fürchten muss ich auch nicht das Alleinsein,
sondern die Massen.
Nicht hinter den Ecken steckt die Gefahr,
sondern offen in jedem Gesicht.
Jeder, der dich anlacht, ist die Gefahr.
Heute weiß ich,
Einsamkeit bedeutet nicht allein im Dunkeln
sein, nein.

Einsamkeit bedeutet allein unter Vielen zu sein.
Nicht zu wissen wem man trauen kann.
Nie war ich so allein wie jetzt,
wo viele um mich sind.

Über die Autorin

Laura C. Müller ist am 16.03.1993 in Offenbach in Hessen geboren. Nach der Ausbildung zur Tiermedizinischen Fachangestellten und der jahrelangen Arbeit in diesem Bereich kam 2015 zusätzlich der Schritt in die Teilselbstständigkeit als Fotografin.

Seit sie 12 Jahre alt ist, schreibt Laura C. Müller Gedichte um ihre unausgesprochenen Gedanken und Gefühle nach außen zu tragen. Im Alter von 16 Jahren kamen die Kurzgeschichten hinzu. Die Themen der Geschichten waren Selbstfindung und Selbstverwirklichung, welche eine große Rolle im Leben der Autorin spielten.

Im Alter vom 20 Jahren schrieb sie Texte im Stil der Kolumnen um den Wahnsinn des Alltags zu ertragen. Ihre Inspirationen sind meist Begebenheiten wie nur das Leben selbst sie schreiben kann. Ihre Texte wurden humorvoller und so,wie die Autorin sich im Laufe der Zeit wandelte, so veränderten sich auch ihre Texte.

Inzwischen schreibt Laura C. Müller Gedichte und fantasievolle Kurzgeschichten. Somit bietet sie den Lesern eine Vielfalt an Möglichkeiten, um dem Alltag kurz zu entkommen.

Danksagung

Ich möchte mich bei all meinen Freunden bedanken, die dafür gesorgt haben, das ich 2023 nicht aufgebe.
Corinna, Schmidt, Michi, Nicy, Maggus, Anika.
Ohne euch hätte ich das letzte Jahr wahrscheinlich nicht überstanden.

Danke an Oma und Opa, die mich auch nach 30 Jahren verrückter Ideen noch nicht erschlagen haben.

Und ein riesiges Danke an meinen Mann Andreas. Ohne dich wäre ich nicht mehr hier. Ich wäre noch immer in meinem Hamsterrad gefangen und würde mir einreden, es ist gut wie es ist.
Ohne dich wäre ich nicht so mutig und glücklich wie ich es jetzt bin.
Du hast mich zu einem besseren Menschen gemacht und ich kann dir dafür nicht genug danken.
Ich Liebe dich.

Weitere Werke

„Mein Wartezimmer des Lebens"
2018 erschienen im Telegonos
Verlag

ISBN: 978-3752841145

„Meine Wanderung durchs Leben"
2019 erschienen im Telegonos
Verlag

ISBN: 978-3738609189

Alle Infos zum Telefonos Verlag finden
Sie unter
www.telegonos.de

Weitere Infos über meine Arbeit als Autorin finden Sie unter
hwww.autorin-laura-c-müller.de

Meine Arbeit als Fotografin finden Sie unter
fang-fotografie.webnode.page

Besuchen Sie mich auch gerne auf Facebook unter
Laura C. Müller oder Fang-Fotografie